AF394090

LA BATALLA DE ALESIA

El fin de la guerra de las Galias

Por Nicolas Cartelet
En colaboración con Barbara Auger
Traducido por Marina Martín Serra

Historia · 50MINUTOS.es

LA BATALLA DE ALESIA

DATOS CLAVE

- **¿Cuándo?** En verano del año 52 a. C.
- **¿Dónde?** En Alesia (Alesia Santa Regina, Francia).
- **¿Contexto?** La guerra de las Galias (58-51 a. C.).
- **¿Beligerantes?** Las legiones romanas contra la alianza de las tribus galas.
- **¿Principales protagonistas?**
  - Julio César, triunviro y general romano (100/101-44 a. C.).
  - Vercingetorix, jefe arverno de la coalición gala (72-46 a. C.).
- **¿Resultado?** Victoria de Julio César.
- **¿Víctimas?**
  - Bando galo: alrededor de 10 000 muertos.
  - Bando romano: alrededor de 2500 muertos.

INTRODUCCIÓN

La batalla de Alesia, que se traducirá en una victoria romana durante el verano del año 52 a.

C., en muchos aspectos constituye un punto de inflexión en la historia del Occidente romano. Puesto que su Ejército acaba dispersado y deportado por el ganador, Vercingetorix firma con ella su última derrota, enterrando definitivamente sus esperanzas de coalición gala contra Roma. Debido a que gana una gloria y una riqueza inmensas, Julio César sale fortalecido de ella, dispuesto a ir contra sus rivales Marco Licinio Craso (115-53 a. C.) y Pompeyo (106-48 a. C.). A partir del año 52 a. C., la victoria de Julio César anuncia el imperio que, 25 años después, materializará su sobrino Octavio Augusto (63 a. C. -14 d. C.). Al concentrar el poder y el apoyo popular entre sus manos, los grandes generales del siglo I reducen las prerrogativas senatoriales y cuestionan la república aristocrática romana. La batalla de Alesia se inscribe en este largo proceso.

Sin embargo, cuando se encierra en el *oppidum* galo (plaza fuerte antigua), Vercingetorix no puede dar nada por hecho. Valiéndose de su victoria en Gergovia, lo sigue un Ejército considerable y todavía está a la espera de refuerzos. Desde el año 58 a. C., la guerra de las Galias ocupa, de hecho, las legiones romanas, que deben enfrentarse a múltiples rebeliones. Durante mucho tiempo, los líderes de las tribus galas creen en la posibilidad de mantener su autonomía. Por desgracia, el ingenio militar de Julio César y la poliorcética romana (arte de dirigir un asedio) acaban con el líder arverno: es deportado y ejecutado en Roma. La guerra de las Galias casi ha terminado. Unos años más tarde, la zona se convierte en provincia, integrando definitivamente el gigantesco Imperio romano. Han acabado los sueños de independencia.

La batalla de Alesia, punto culminante del conflicto entre Roma y las tribus galas, cuenta con una sola fuente: *La guerra de las Galias* de Julio César. En efecto, los testimonios son tan pocos en este período que los historiadores tienen que depender casi exclusivamente del relato del general romano para escribir la historia. Así pues, hay que tener cuidado y no tomarse todos sus alegatos al pie de la letra: al escribir sus memorias de guerra, Julio César sin duda quería reforzar su heroísmo y su ingenio militar. En especial, las cifras que avanza (como el número de combatientes y las dimensiones de los campos de batalla) son imposibles de verificar y, por lo tanto, no del todo fiables. Este texto, sin embargo, es muy valioso, ya que lo escribe justo después de la conquista romana.

CONTEXTO

JULIO CÉSAR EN LA GALIA

En el año 60 a. C., Julio César, Pompeyo y Marco Licinio Craso concluyen en secreto un triunvirato, acuerdo político que les permite controlar el Senado romano. Tras la fachada de unidad, cada uno de ellos busca imponerse como dirigente de primer plano. En el año 58, Julio César, tras su demanda, se convierte en procónsul de Iliria, de la Galia Cisalpina y de la Galia Transalpina: desea buscar la gloria y las riquezas que necesita para su ascenso político en el norte. Tan pronto como es elegido, utiliza el pretexto de la incursión de los helvéticos en la Galia para intervenir militarmente. En efecto, ese pueblo, repelido fuera de su territorio por el avance de los germanos, tiene la intención de instalarse en la actual Gironda, atravesando las regiones controladas por Roma. Las poblaciones locales temen las migraciones de los bárbaros, que van acompañadas de pillajes y de saqueos. Por eso Julio César, en nombre de la defensa del territorio, invade la Galia Melenuda con diez legiones.

Desde la Antigüedad, los oponentes de Julio César lo acusan de haber buscado un pretexto para iniciar una invasión militar. La escritura de los *Comentarios a la guerra de las Galias* (*Commentarii de bello Gallico*), a partir del final del conflicto, es un medio para el general romano de justificar su empresa. En este escrito, asegura que esta guerra era esencial, ya que se temía una invasión bárbara. Entonces, le era fácil alarmar a la opinión pública recordando a los romanos la oscura época en la que los propios galos, liderados por Breno (siglo IV a. C.), habían arrasado la ciudad de Roma (en el año 390 a. C.). En realidad, los historiadores sospechan que Julio César buscó el combate a cualquier precio. Por otra parte, la conquista es un éxito: los helvéticos, pero también los germanos de Ariovisto (rey de los suevos, siglo I a. C.) y las tribus galas resultan derrotados unos tras otros.

EL LEVANTAMIENTO DE VERCINGETORIX

trales por miedo de las represalias —sobre todo en el caso de la Galia belga—. Así pues, la idea de una Galia completamente federada contra el enemigo romano es un mito, forjado en gran parte por la propaganda de Vercingetorix. Por otra parte, hasta el asedio de Alesia, muchos contingentes galos combaten en las filas de Julio César.

A pesar de las primeras victorias romanas, una parte de las tribus galas sigue siendo hostil a Roma y se levanta de nuevo a finales del año 53 a. C., mientras Julio César ha vuelto a Italia para reclutar un nuevo Ejército. Las causas de estas revueltas son múltiples: la gente se queja del número demasiado elevado de incursiones militares romanas, de las movilizaciones, de los reclutamientos, pero también del peso de los impuestos, que socava la economía local.

Así pues, el territorio de la Galia, apenas calmado, vuelve a encenderse. Aunque los senadores romanos a partir del año 58 critican el afán de Julio César para ir a la guerra, esta vez solo pueden animar la salida de las legiones cuando se produce la masacre de Cenabum (nombre antiguo de Orleans) en enero del año 52 a. C. Los carnutos, pueblo galo de la región, masacran a todos los comerciantes y negociadores romanos de la ciudad y matan al intendente Cayo Fufio Cita (siglo I a. C.). Julio César castiga severamente el puerto, saqueando Cenabum, y la noticia de la revuelta de los carnutos da la vuelta al mundo galo. El joven jefe arverno Vercingetorix levanta a su pueblo contra Roma, pronto seguido por un gran número de tribus: los andes, los aulercos, los bitúrigos, los lemovices, los senones y los parisios, por citar solo a los principales.

La integridad del territorio romano, hasta entonces circunscrita a la Galia Melenuda, se ve seriamente amenazada cuando la revuelta se extiende por las tribus de los gábalos, los nicióbroges y los rutenos, que marchan sobre la Galia Transalpina. Julio César, bloqueado durante un tiempo en el sur, logra cruzar las Cevenas y llegar al territorio arverno, tomando a sus enemigos por sorpresa. Después de una marcha forzada, llega a la región de los heduos y recupera una parte de las legiones que habían estado acantonadas allí durante el invierno. Cuando el Ejército romano logra reunirse, es el momento de sofocar la revuelta.

EL AÑO 52 A. C., UN PUNTO DE INFLEXIÓN DECISIVO

Después de seis años de un conflicto latente y discontinuo, el año 52 marca un hito en la guerra de las Galias. De hecho, Vercingetorix federa a algunas de las tribus galas y Julio César recupera todas sus legiones: los combates ahora son más frecuentes y más notables por el número de soldados involucrados. Por lo tanto, todo se acelera. Julio César va rápidamente hacia Noviodunum (Nevers) y consigue obtener la rendición de la ciudad. Una rendición corta, ya que los habitantes se levantan de nuevo cuando llega el Ejército de Vercingetorix. Entonces, se produce el primer enfrentamiento entre el jefe arverno y el general romano: trastornado durante un tiempo por la caballería gala, Julio César hace intervenir a 600 caballeros germanos, que obtienen la victoria. Es una primera derrota para Vercingetorix. De forma manifiesta, sus servicios de inteligencia no sabían que los romanos reclutaban en territorio germano.

El general romano luego marcha sobre el territorio de los bitúrigos, con la intención de tomar su capital, Avarico (Bourges). En respuesta, los galos empiezan a quemar todos los cultivos para evitar que el enemigo se pueda abastecer. Las ciudades también son arrasadas, excepto Avarico, considerada inexpugnable. Julio César, que no comparte esta opinión, activa la poliorcética romana y fuerza las puertas de la ciudad. Avarico cae, y sus habitantes son masacrados. De los 40 000 galos presentes durante el sitio, solamente 800 habrían sobrevivido.

César continúa su avance, pero Vercingetorix rechaza el combate, por temor a la fuerza estratégica de las legiones romanas. El jefe arverno hace retroceder a sus ejércitos hasta el sitio de Gergovia, donde se encierra en el *oppidum* galo.

| Muro del *oppidum* en las llanuras de Gergovia.

Esta meseta, que se encuentra cerca de la Clermont-Ferrand actual, proporciona una protección natural contra los ataques enemigos. Julio César organiza un nuevo asedio y espera el refuerzo de los heduos, que siempre son aliados de Roma. Estos últimos eligen este momento para desertar y unirse a la rebelión; después de un asalto fallido sobre Gergovia, el general romano organiza una retirada —que presenta como estratégica— para reconstituir sus fuerzas. La victoria de Gergovia alimentará posteriormente durante mucho tiempo los relatos míticos del nacionalismo francés.

Mientras que Julio César lucha contra Vercingetorix, su teniente Tito Labieno (100-45 a. C.) es enviado, con cuatro legiones, a atacar Lutecia. Los galos, dirigidos por Camulogeno (siglo I a. C.), sufren el ataque de la Séptima Legión en la retaguardia y pierden la ciudad: los romanos conquistan el territorio de Lutecia. Julio César explica que los parisios, una vez vencidos, entregan 8000 soldados al Ejército romano. Respaldándose en esta aportación de hombres inesperada, Tito Labieno vuelve a ponerse en camino y va al encuentro de su general tras el asedio de Gergovia. Durante este tiempo, las legiones reforzadas de Julio César derrotan a la caballería de Vercingetorix cuya reputación, sin embargo, era temible; este último huye y se repliega en Alesia, perdiendo a 3000 hombres por el camino. La batalla final transcurrirá en la llanura del pequeño *oppidum*.

ACTORES PRINCIPALES

Estatua de Julio César, de Nicolas Coustou.

JULIO CÉSAR, TRIUNVIRO Y GENE-RAL ROMANO

Nacido en Roma el 12 o el 13 de julio del año 100/101 a. C., Cayo Julio César (en latín, Gaius Iulius Caesar) es el descendiente de una antigua familia de patricios, las gens Julia. A pesar de que la estirpe dice ser heredera del legendario príncipe troyano Eneas, tiene poca importancia en Roma y no pertenece a las altas esferas del poder consular y senatorial. Julio César, cuarto con este apellido, es el hijo de Cayo Julio César III y de Aurelia Cotta (120-54/53 a. C.).

Con una naturaleza ambiciosa, el joven César efectúa estudios con resultados brillantes y se involucra en la vida política, mientras que la lucha entre optimates (partido aristocrático) y populares (partido del pueblo) causa estragos. Afiliado a este segundo bando, Julio César se casa con la hija del líder Cayo Mario (157-86 a. C.) y entra en conflicto con Lucio Cornelio Sila, líder de los optimates (138-78 a. C.). Obligado a marcharse de Roma, entra en el Ejército y se va a luchar en Asia. Este episodio marca el comienzo de una larga y brillante carrera militar. En el sitio de Mitilene, logra una hazaña de la que no sabemos el contenido; lo cierto es que es recompensado con una corona cívica, la condecoración más prestigiosa.

De vuelta en Roma poco después de la muerte de Lucio Cornelio Sila, Julio César comienza su *cursus honorum* (ascenso político en Roma) y se convierte en el defensor de los tribunos de la plebe. Cuestor en el año 69 a. C., edil en el 65, demanda ante la justicia a los partidarios de Lucio Cornelio Sila y consigue el apoyo del pueblo. En el año 63 a. C., a pesar de su corta edad, es elegido sumo pontífice (*pontifex maximus*) gracias a las subvenciones a su amigo Marco Licinio Craso. Hasta su muerte, ocupará esta posición —la más importante de la religión romana—.

Para alcanzar las más altas esferas políticas, Julio César concluye en secreto un triunvirato con Marco Licinio Craso y Pompeyo en el año 60 a. C. Gracias a estos apoyos, es elegido cónsul en el año 59 y luego procónsul de la Galia en el 58. Entonces comienza la conquista a la que él mismo llamó «guerra de las Galias», durante la cual las tribus galas son derrotadas una a una. A pesar de una última gran alianza en el año 52 a. C., las fuerzas de Vercingetorix son derrotadas en el sitio de Alesia, durante el cual Julio César confirma el poder de la poliorcética romana. Valiéndose de su éxito en la Galia, el general entra en conflicto abierto con Pompeyo y marcha sobre Roma en el año 49 a. C., cruzando el Rubicón (río de Italia). Pompeyo huye hacia Oriente, y Julio César ofrece subvenciones al pueblo para asegurarse de que tendrá su apoyo. A partir de ese momento, dirige Occidente, pero aún tiene que repeler a sus rivales.

En el año 58 a. C., Pompeyo muere en Egipto después de su derrota en Farsalia. El pueblo romano elige a Julio César como dictador vitalicio, y este dirige la política de la República y continúa satisfaciendo las demandas de los populares. En total, celebra cinco triunfos en Roma, que desembocan en grandes fiestas cívicas. Sin embargo, el inmenso poder adquirido por Julio César despierta miedos y celos. El dictador nombra a los cónsules e impone su ley a los senadores. Bruto, su hijo adoptivo (86-42 a. C.) y Cayo Casio Longino (político y general romano, fallecido en el 42 a. C.), que constatan la lenta degeneración de la República, forman una conspiración: el 15 de marzo del año 44 a. C., en los idus de marzo (fiestas en honor del dios Marte), Julio César es apuñalado en pleno Senado. Los conspiradores esperan recibir los aplausos del pueblo por haber matado al tirano, pero serán perseguidos y finalmente se suicidarán en Oriente.

VERCINGETORIX, JEFE ARVERNO DE LA COALICIÓN GALA

| Estatua de Vercingetorix en Alesia Santa Regina erigida en 1865.

Nacido alrededor del año 80 a. C. en la familia real de los Arvernos, Vercingetorix (de *vercingeto*, que significa «guerrero poderoso», y *rix*, «rey») es hijo del jefe Celtillos (siglo I a. C.). Cuando llega al mundo, la monarquía ha sido abolida bajo la presión romana y ha sido reemplazada por una oligarquía (sistema en el cual una minoría posee el poder) militar. Celtillos, por haber intentado restablecer el antiguo régimen en su provecho, muere ejecutado por sus pares en el año 58 a. C. Conforme a los acontecimientos que siguen, esto no perjudica de ninguna forma las ambiciones políticas de su hijo.

La formación militar de los aristócratas arvernos se lleva a cabo en el marco del mercenarismo: así, desde muy joven, Vercingetorix es enviado como caballero al lado de Julio César. Entonces, al combatir él mismo contra las tribus galas en el seno de la legión, aprende la táctica y el rigor romanos. En ese momento, dirige un ala de la caballería, y su entorno lo reconoce como un gran guerrero.

En el año 52 a. C., una parte de las tribus galas se levanta contra Roma. Entonces, Vercingetorix intenta reunir a los arvernos bajo su mando, pero su tío Gobannitio, ya implicado en el asesinato de Celtillos, hace que lo expulsen de Gergovia. Vercingetorix vuelve a situarse a la cabeza de un Ejército e impone su poder por la fuerza: es proclamado rey y federa a las tribus galas rebeldes. Entonces, reniega del tratado de alianza que vinculaba a su pueblo con Roma, declarando oficialmente la guerra. Tras algunas escaramuzas en campo abierto, Vercingetorix repele a las seis legiones de Julio César en Gergovia, obteniendo una gloria sin precedentes en la Galia. Esta victoria, sin embargo, dura poco, ya que la fuerza gala, revolucionada de nuevo, se ve obligada a refugiarse en el *oppidum* de Alesia. Vercingetorix espera allí la ayuda de su primo Vercasivellauno, pero la poliorcética romana y la experiencia de los legionarios acaban con los galos: el Ejército de defensa es eliminado.

Tras el asedio de Alesia, Vercingetorix debe dejar las armas en los pies de Julio César, simbólicamente. Es hecho prisionero y exhibido ante el pueblo romano en el año 46 a. C., en ocasión del triunfo del general romano. Entonces, desfila encadenado, arrastrado por el carro del dictador. Bajo la presión del Senado, Vercingetorix es ejecutado en septiembre del año 46 a. C. Su muerte casi anónima muestra que la Galia solamente es una conquista entre tantas otras por parte de Roma: habrá terminado su vida como esos innombrables jefes bárbaros vencidos por la legión.

ANÁLISIS DE LA BATALLA

Aunque el sitio de Gergovia se identifica pronto, el emplazamiento de la batalla de Alesia sigue siendo desconocido durante mucho tiempo, ya que nadie sabe exactamente dónde situarlo.

Hasta el siglo XIX, la ausencia de herramientas arqueológicas fiables hacía que las hipótesis fueran dudosas. La situación evoluciona con la implicación personal de Napoleón III (emperador de los franceses, 1808-1873), que desea editar un estudio sobre las campañas de Julio César. En 1861, empiezan las excavaciones en Côte-d'Or, en Alesia Santa Regina. Allí, se descubre un importante material militar romano y galo, restos de fortificaciones romanas y muchos estateros (monedas) acuñadas con el nombre de Vercingetorix.

| Estatero acuñado con el nombre de Vercingetorix.

Con este hallazgo, se puede constatar la distancia entre los escritos de Julio César y la realidad: el general romano había sobreestimado un tanto la dimensión y la importancia del lugar.

En respuesta, algunos historiadores pronto dudan de que el emplazamiento de Alesia fuera Alesia Santa Regina. Una corriente histórica llamada «alternativa» sitúa entonces la batalla en Chaux-des-Crotenay, en la región de Jura. Sin embargo, la mayoría de los historiadores hoy en día están de acuerdo en decir que Alesia Santa Regina es el sitio con más probabilidades de haber alojado la batalla.

ALESIA, ¿UNA LOCURA?

Perseguido por Julio César, Vercingetorix decide encerrarse en el *oppidum* de Alesia, situado en el corazón del territorio de los mandubios. Ciertamente, el lugar tiene elementos para impresionar al atacante, pero hemos visto que Julio César se había acostumbrado a los asedios durante la guerra de las Galias. Por consiguiente, resulta sorprendente que el arverno hubiera elegido exponer la integralidad de su fuerza a la poliorcética romana. Muchos comentaristas afirman que esta elección estuvo dictada por la urgencia y el pánico del momento, más que por una profunda reflexión estratégica. En sus comentarios sobre Julio César, el emperador Napoleón I (1769-1821), gran jefe militar, se ríe abiertamente de la idiotez de Vercingetorix. Un siglo después, Maxime Weygand (general francés, 1867-1965) muestra la misma opinión. Todavía hoy, algunos historiadores de renombre como Jerónimo Carcopino (1881-1970) o Robert Étienne (1921-2009) confiesan no entender el interés de Alesia para los galos. ¿Acaso Vercingetorix estaba loco?

En realidad, la elección del arverno se puede explicar por la extrema religiosidad de los pueblos galos. Ciertamente, el pánico tuvo un papel importante en la decisión que toma Vercingetorix de precipitar a sus fuerzas hacia el *oppidum* para ponerse a salvo, pero la importancia del lugar también tiene mucha influencia en esta elección. En efecto, las leyendas contaban que Alesia había sido fundada por el propio Hércules, o por el héroe galo que se le asocia. Centro de culto para el clero druida, Alesia era «el lugar más sagrado de toda la Céltica» (Diodoro de Sicilia 1997, libro IV, 19), según el relato de Diodoro de Sicilia (historiador griego, siglo I a. C.). Así pues, no hay que subestimar el peso que debía tener este argumento a ojos de los Ejércitos galos: ciertamente, la fuerza del lugar convence a Vercingetorix para refugiarse en él, convencido de estar protegido por la sacralidad del *oppidum*.

LAS FUERZAS PRESENTES

Según el relato de Julio César, Vercingetorix entra en Alesia con 80 000 hombres y muchos caballeros de los que desconocemos el efectivo. A pesar de la importancia de las tropas, el Ejército galo no está al completo, ni mucho menos: todavía se espera la ayuda del Ejército de refuerzo, que debe acudir con 240 000 soldados. Vercingetorix también puede contar con la fortificación natural del sitio de Alesia, situado en la cumbre del Monte Auxois (de 150 metros de altura). Por la parte inferior de la colina escarpada pasan dos ríos, el Oze y el Ozerain. Así pues, los galos se disponen a recibir a las legiones romanas, confiados.

Por su parte, Julio César se presenta en Alesia con 10 o 12 legiones (las 4 legiones dejadas a Tito Labieno para marchar sobre Lutecia se han unido entonces al Ejército). Así pues, 72 000 legionarios se disponen a sitiar el *oppidum*. La caballería cuenta con 10 000 combatientes, la mitad de los cuales son germanos. Así pues, en teoría, los romanos están en inferioridad numérica (de nuevo, hay que tener precaución con las indicaciones de cifras ofrecidas por Julio César). No obstante, la poliorcética romana ha dado buenos resultados en el pasado: Julio César cuenta con una amplia experiencia tanto en la defensa como en la toma de una ciudad. Asimismo, se ha reconocido que los legionarios son más disciplinados y están mejor armados que sus enemigos: la larga cota de malla, el casco de metal, el gran escudo oval, la lanza, la espada corta y la jabalina forman su equipamiento, que ofrece una fuerza de ataque y una protección muy superiores a las que proporciona el equipamiento ligero de los galos.

EL ASEDIO DE ALESIA

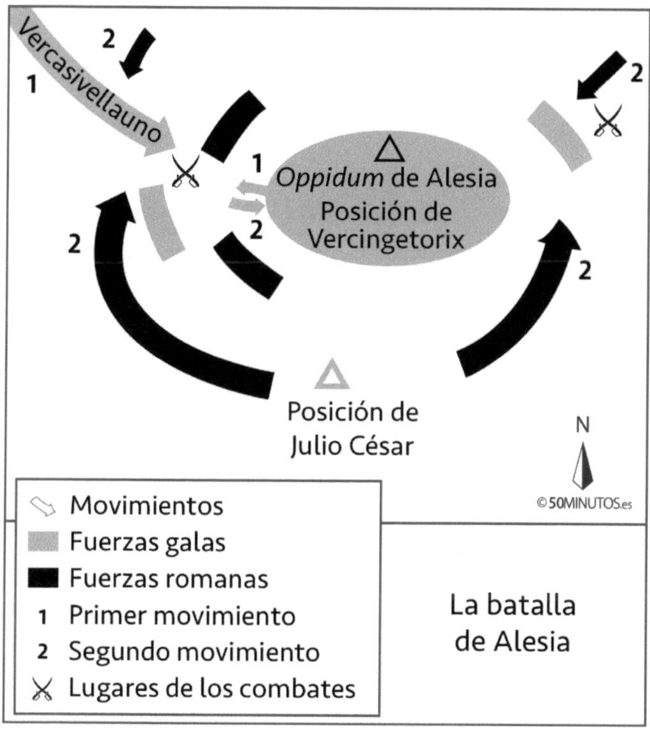

Una cosa está clara: Julio César no puede ordenar el ataque sobre Alesia, a causa de la fortificación del lugar y porque le faltan hombres. Como en Gergovia, le ordena a sus poliorcetas que asedien la ciudad. El trabajo es considerable, ya que se construyen dos líneas de defensa para aislar Alesia e impedir la salida de Vercingetorix:

- una primera línea, llamada de contravalación, se orienta hacia Alesia para contrarrestar las salidas del Ejército replegado en el *oppidum*. Tiene unos 15 kilómetros de largo. Cada 24 metros, se erige una torre de madera;
- una segunda línea, llamada de circunvalación, se orienta hacia el exterior. Los servicios de inteligencia romanos saben que se espera la llegada de un Ejército de refuerzo, y esperan impedir su carga. Esta segunda línea tiene unos 25 kilómetros de largo.

Julio César desea alternar los obstáculos naturales y materiales alrededor de Alesia. A estas fortificaciones, añade varias líneas de trampas que resultarán particularmente eficaces en el corazón de los combates:

- el suelo se llena de largas picas de metal que impiden las cargas de la caballería;
- igualmente en el suelo, se clavan largas estacas, orientadas hacia el enemigo. Están camufladas con follaje y forman una segunda protección contra la caballería: los caballos, a

galope, quedarán ensartados;

- ante las líneas de contravalación y circunvalación, se excavan dos fosos, de 4,50 metros de ancho y 2,50 metros de profundidad. Se llenan con agua desde el momento de su excavación, puesto que el sitio de Alesia es semipantanoso;
- se añaden también cinco fosos pequeños de 1,50 metros de profundidad, en cuyo fondo se disponen ramajes;
- con la tierra de los fosos, se construyen terraplenes de protección contra los cuales se fijan puntas de metal.

Podemos imaginar la energía que deben desplegar los legionarios para realizar con éxito unas construcciones de este tipo en un tiempo récord (en tan solo unas semanas). Vercingetorix, que no puede salir del *oppidum*, puede contar con los víveres almacenados en sus murallas. Sin embargo, para aguantar el máximo tiempo posible, expulsa a los mandubios de la ciudad: así, se deshace de bocas que alimentar que le resultan inútiles. En respuesta, Julio César se niega a abrir paso a los expulsados, que sobrevivirán entre las líneas enemigas durante varios días antes de morir de hambre.

Después de más de un mes de asedio, el Ejército de refuerzo finalmente llega a proximidad de Alesia. Lo dirige Vercasivellauno —el primo de Vercingetorix— y también Comio (de la tribu de los atrebates), Viridomar y Eporedorix (ambos de la tribu de los heduos). Según lo que narra Julio César, les acompañan 240 000 soldados. Con todo, los primeros combates son un desastre para los galos: después de media jornada de lucha, sus arqueros son masacrados y la caballería es derrotada. Los galos lanzan un segundo ataque en medio de la noche. Aunque los arqueros causan varias víctimas en el bando romano, los legionarios logran mantener sus fortificaciones. El Ejército de refuerzo cae en las trampas del suelo y debe replegarse a primera hora de la mañana, puesto que sus flancos se ven amenazados por el contrataque de Julio César. Entonces, Vercingetorix aprovecha esta distracción para hacer salir a su Ejército de Alesia, pero tarda demasiado tiempo en poner a sus tropas en marcha y llega después de la debacle de su primo; debe replegarse en el *oppidum* sin haber siquiera combatido.

LA VICTORIA FINAL

Tras el fracaso de los dos primeros ataques, los galos se ponen de acuerdo para llevar a cabo una tercera carga sobre las fuerzas romanas: este ataque resultará decisivo. Tras una exploración de los campos romanos, toman como objetivo uno de los vivaques que alberga dos legiones. Más que atacar de frente, Vercasivellauno se pone a la cabeza de 60 000 soldados y progresa a cubierto durante una noche hasta su objetivo. En el mismo momento, el resto del Ejército de refuerzo está desplegado en la llanura frente a las fortificaciones romanas. El 26 de septiembre del año 52 a. C. por la tarde, se lanza el ataque.

Esta vez, los galos consiguen rodear a Julio César ya que Vercingetorix, que está al corriente de los movimientos de sus aliados, sale en el mismo momento de Alesia con sus hombres. En el relato de *La guerra de las Galias*, este episodio es el único en el que Julio César reconoce haber temido por sus legiones. En el bando romano atacado por Vercasivellauno, las dos legiones son aplastadas por el gran número de galos: Tito Labieno es enviado como refuerzo con 6 cohortes (unos

3000 hombres), pero su tropa es ampliamente insuficiente. Durante este tiempo, Vercingetorix y sus fuerzas tapan los fosos y progresan hacia la contravalación donde se encuentra estacionada una parte de las legiones.

Entonces, Julio César decide cambiar de estrategia. Abandona la llanura de Alesia y se apresura hacia el campo romano atacado con cuatro cohortes y una importante fuerza de caballería. En el mismo momento, Tito Labieno lanza el ataque cuerpo a cuerpo: los legionarios luchan ahora con las espadas cortas. La llegada de Julio César cambia el curso de la batalla y salva a los hombres de Tito Labieno. Los caballeros aplastan a Vercasivellauno, que es capturado, y vencen a los galos. Julio César explica que su caballería persigue y masacra a los fugitivos hasta la noche siguiente. De nuevo, Vercingetorix debe abandonar su carga y se repliega en Alesia. Durante esta jornada, las legiones habrían capturado 74 alféreces enemigos.

Esta vez, el jefe arverno debe rendirse ante la evidencia: con el Ejército de refuerzo eliminado, le será imposible salir de Alesia. Se reúne una asamblea en el *oppidum* y se anuncia la rendición. El 25 de septiembre, un día después de la debacle, Vercingetorix asume su derrota y entrega las armas: las deja simbólicamente a los pies de Julio César, que acepta su sumisión y se lo lleva como prisionero. Tras la batalla, los Ejércitos romanos capturan y deportan a 70 000 soldados enemigos. Asimismo, en el bando galo hay que lamentar 10 000 víctimas; en cambio, en el bando romano solamente 2500 —según el general romano—. La unión de las tribus se descompone de forma brusca. Roma acaba de ganar una victoria decisiva.

REPERCUSIONES

EL FIN DE VERCINGETORIX

La primera consecuencia de la victoria romana es la sumisión de Vercingetorix a Julio César y, con él, de numerosos pueblos galos que tienen demasiado miedo para continuar la lucha. Finalmente, la unión de las tribus, que durante un tiempo amenaza seriamente Roma, no habrá sido más que flor de un día. Vercingetorix es llevado a Roma, donde es encarcelado hasta el año 46 a. C., época del triunfo final del general romano. Su cautividad es particularmente dura, ya que está encerrado en la cárcel del Tullianum, la más antigua de Roma. Allí, los jefes enemigos a la espera de su ejecución están confinados en calabozos sin luz reservados para tal fin.

Era costumbre que el condenado a muerte fuera lanzado por las escaleras de las Gemonias (en Roma, escalera donde se exponían los cuerpos de los condenados a muerte) y dejado para los carroñeros. Es difícil saber si Vercingetorix recibió ese trato, pero es cierto que su final asesta un duro golpe al proceso de unificación de las tribus galas contra Julio César. A partir de entonces, el pueblo de la Galia Melenuda estará constantemente dividido en lo que se refiere a la actitud que hay que adoptar frente a Roma: muchos permanecerán neutros, otros se alinearán con las legiones para conservar una autonomía relativa. Sea como fuere, Julio César obtiene una victoria decisiva en Alesia y, durante mucho tiempo, se valdrá de su gloria para someter a enemigos atemorizados. Asimismo, la severidad del general romano marca a la gente: casi todos los 70 000 galos prisioneros son vendidos como esclavos en los grandes puertos mediterráneos.

LOS ÚLTIMOS FOCOS DE LA REVUELTA

Tras la batalla, Julio César no acaba con la guerra de las Galias. El conflicto vuelve a empezar en el año 52 a. C. Los bitúrigos, aunque tienen el territorio ocupado, preparan una nueva guerra. Julio César se niega a dejar que la revuelta se instale y acude a la Galia en el invierno del año 52-51, tomando por sorpresa a todos sus enemigos. Los bitúrigos son derrotados en pocas semanas.

A continuación, se levantan los carnutos, que habían masacrado la población de Cenabum unos meses antes. El general romano, que se había retirado en el *oppidum* de Bibracte, reanuda el camino de los combates a principios del año 51 a. C. y se apodera de Cenabum. Sus dos legiones imponen su autoridad en la región; los carnutos son doblegados rápidamente.

El año 51 marca el final de las amenazas serias para Julio César. Los belovacos intentan federar una nueva unión contra Roma. Con tres legiones, el general romano somete a su líder Correo. Tras la reducción de un levantamiento picto, y después la toma de Uxellodunum (*oppidum* de la Galia) al precio de un último asedio, Julio César puede celebrar el fin de la guerra de las Galias. Exceptuando algunas revueltas episódicas, la región ahora está pacificada y puede ser ocupada por el invasor.

LA GLORIA DE JULIO CÉSAR

Sin duda, la batalla de Alesia y el final de la guerra de las Galias sirven, ante todo, a la gloria personal de Julio César. Esto es lo que busca a partir del año 58 a. C., cuando invade el norte para contrarrestar el avance de los helvéticos. Con esta victoria, iguala en prestigio a los grandes conquistadores romanos que amplían el territorio del imperio desde hace siglos. La publicación de sus *Comentarios a la guerra de las Galias* contribuye directamente a su propaganda y, desde la Antigüedad, el libro cosecha un gran éxito.

Pero cuando Plutarco (escritor griego, 50-125 d. C.) aplaude el genio militar de Julio César, lo asocia directamente a la guerra civil que comienza en Roma en el año 49. En el año 51, el general anuncia la construcción de un nuevo foro en Roma, que se costeará con el botín de la conquista. Poco a poco, Julio César se asegura un apoyo popular contundente y masivo, que aprovecha en cuanto tiene la oportunidad. Durante el año 49 a. C., gracias a sus victorias en la Galia, tiene la base necesaria para el golpe de fuerza en Roma: cruza el Rubicón, expulsa a Pompeyo a Oriente y se apodera de la ciudad. Convertido en el amo de Occidente, hace que lo elijan dictador y declara la guerra a sus oponentes.

Más allá de la guerra civil, lo que anuncian las victorias de Julio César es el establecimiento de un poder imperial. Mediante la acumulación de riquezas hasta entonces sin precedentes y sumando al pueblo a su causa, el vencedor de la guerra de las Galias suplanta gradualmente al Senado en poder y legitimidad. Los acuerdos secretos del triunvirato, por un lado, y la elección al puesto de dictador, por el otro, disminuyen en gran medida las prerrogativas senatoriales. Sus sucesores, entre ellos Marco Antonio (83-30 a. C.) y Octavio, no se equivocan al establecer también un poder de tipo monárquico. La proclamación del principado y la inauguración del Imperio, en el año 27 a. C., completan así un proceso iniciado por Julio César en la Galia.

LA PROVINCIALIZACIÓN DE LA GALIA

La conquista de la Galia le da una nueva dimensión al territorio romano. Hasta el año 51 a. C., el Imperio romano era ante todo mediterráneo: se extendía hasta Oriente, pero el interior de los continentes había permanecido independiente. Con Julio César, Roma ahora se extiende por el norte hasta la Bélgica actual. A partir de ahí, otras conquistas se hacen posibles: la invasión de Britania y de las tierras germanas se inicia en el siglo I d. C. gracias a los avances de Julio César.

Desde que acaba la guerra de las Galias, los intercambios entre la Galia Melenuda y Roma se multiplican. Los puertos comerciales acogen cada vez a más comerciantes romanos, y ahora están equipados con infraestructuras romanas: los acueductos, las nuevas bases y las carreteras pavimentadas se multiplican hasta la Galia Bélgica. Poco a poco, los galos se «romanizan» y, al apropiarse de algunos de los usos y costumbres de los invasores, crecen económica y demográficamente. Nace la civilización galo-romana.

La integración de la Galia en el territorio romano termina oficialmente en el año 27 a. C., cuando Octaviano se convierte en Augusto e instaura el principado. Al lado de la Galia Transalpina y la Galia Cisalpina (que entonces es rebautizada como Galia Narbonense) se crean tres nuevas provincias: la Galia Leonesa, la Galia Aquitania y la Galia Bélgica. Las aristocracias locales adquieren la ciudadanía romana y se comportan como los romanos, por mimetismo social. Incluso proporcionan emperadores a Roma: en el año 48 d. C., Claudio (10 a. C.-54 d. C.), un romano nacido en Lyon, autoriza a los galos a que ocupen escaños en el Senado. La asimilación está perfectamente acabada.

EN RESUMEN

58 a. C.
Julio César inicia la conquista de la Galia

52 a. C.
Principios: Vercingetorix federa a las tribus galas

Abr.: derrota de Julio César en Gergovia

Verano: sitio de Alesia

Sept.: rendición de Vercingetorix

46 a. C.
Triunfo de César en Roma

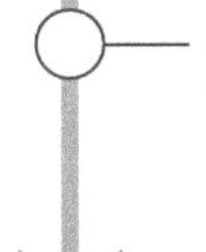

- En el año 59 a. C., Julio César se convierte en procónsul de la Galia y de Iliria durante cinco años.
- En el año 58, entra en la Galia para expulsar a

los helvéticos y somete al germano Ariovisto: la guerra de las Galias acaba de comenzar.

- De 58 a 56, Vercingetorix sirve como caballero en el Ejército de Julio César.
- En Bélgica, Julio César derrota a los nerviones y a los suesiones en el año 57.
- Tres años más tarde, derrota a los treviros en Bretaña.
- El 23 de enero del año 52 a. C., los carnutos masacran a los romanos de Cenabum. El mismo año, Vercingetorix federa las tribus galas.
- En febrero del año 52, Julio César reúne a sus legiones en el territorio de los heduos.
- En junio del mismo año, Julio César se ve obligado a retirarse ante Gergovia. Vercingetorix gana la batalla.
- En septiembre del año 52, las tropas de Vercingetorix son derrotadas por Julio César en la batalla de Alesia. El líder arverno no tiene más remedio que dejar las armas ante el general romano.
- Durante el año 52-51, Julio César comienza a escribir los *Comentarios a la guerra de las Galias*, mientras se producen los últimos levantamientos en el norte y el oeste de la Galia.
- En el año 46 celebra su triunfo en Roma, donde

Vercingetorix desfila como prisionero. El jefe arverno es ejecutado poco después.

- El 15 de marzo del año 44 a. C., Julio César es asesinado en el Senado durante los idus de marzo.

¡Tu opinión nos interesa!
¡Deja un comentario en la página web de tu librería en línea,
y comparte tus favoritos en las redes sociales!

PARA IR MÁS ALLÁ

FUENTES BIBLIOGRÁFICAS

- Berger, Jacques. 2004. *Alésia Chaux-des-Crotenay. Pourquoi?* Montigny-le-Bretonneux: Yvelinédition.

- Berthier, André y André Wartelle. 1990. *Alésia.* París: Nouvelles Éditions Latines.

- Bonaparte, Luis Napoleón. 1836. *Précis des guerres de Jules César.* París: Imprimerie royale.

- César, Julio. 1926. *La Guerre des Gaules.* París: Les Belles Lettres.

- Deyber, Alain. 2009. *Les Gaulois en guerre. Stratégies, tactiques et techniques.* París: Errance, colección *Hespérides.*

- Diodoro de Sicilia. 1997. *Bibliothèque historique,* libros I, IV y V. París: Les Belles Lettres.

- Dion Casio. 2010. *Histoire romaine.* París: Les Belles Lettres.

- Goguey, René. 1991. "Alésia: les travaux de César sur la montagne de Bussy d'après les dernières révélations de la photographie aérienne". *CRAI,* n.° 135, 43-51.

- Goudineau, Christian. 1990. *César et la Gaule.* París: Errance.

- Goudineau, Christian. 2001. *Le dossier Vercingétorix*. París: Actes Sud/Errance.

- Le Gall, Joël. 1989. *Les fouilles d'Alise-Sainte-Reine. 1861-1865*. París: Institut de France.

- Lewuillon, Serge. 1999. *Vercingétorix ou le mirage d'Alésia*. París: Complexe.

- Martin, Paul-Marius. 2000. *Vercingétorix: le politique, le stratège*. París: Perrin.

- Plutarco. 1975. *Vies parallèles*, libro IX. París: Les Belles Lettres.

- Porte, Danielle. 2000. *Alésia, citadelle jurassienne*. Yens-sur-Morges: Cabédita.

- Porte, Danielle. 2004. *L'imposture Alésia*. París: Éditions Carnot.

- Potier, René. 1973. *Le génie militaire de Vercingétorix et le mythe Alise Alésia*. Clermont-Ferrand: Éditions Volcans.

- Reddé, Michel. 2003. *Alésia. L'archéologie face à l'imaginaire*. París: Errance, colección *Hauts lieux de l'histoire*.

- Reddé, Michel. 1996. *L'armée romaine en Gaule*. París: Errance.

- Roman, Danielle e Yves Roman. 2000. *La Gaule et les mythes historiques. De Pythéas à Vercingétorix*. París: L'Harmattan, colección *Histoire ancienne et Anthropologie*.

- Suetonio. 1931. *Vie des douze Césars*, libro I. París: Les Belles Lettres.

- Voisin, Jean-Louis. 2012. *Alésia. Un village, une bataille, un site*. Borgoña: Éditions de Bourgogne, colección *Patrimoine*.

FUENTES ICONOGRÁFICAS

- Muro del *oppidum* en las llanuras de Gergovia. La imagen reproducida está libre de derechos.

- Estatua de Julio César, de Nicolas Coustou. La imagen reproducida está libre de derechos.

- Estatua de Vercingetorix en Alesia Santa Regina erigida en 1865. La imagen reproducida está libre de derechos.

- Estatero acuñado con el nombre de Vercingetorix. La imagen reproducida está libre de derechos.

PELÍCULA Y DOCUMENTALES

- *Los gigantes de Roma.* Dirigida por Antonio Margheriti, con Richard Harrison, Wandisa Guida y Ettore Manni. Italia: Devon Film, N. C. y Radius Productions, 1964.

- *Alésia retrouvée.* Dirigido por Jean-Pierre Picot. Francia: 1989.

- *Alésia, le procès.* Dirigido por Jean-Pierre Picot.

Francia: 1999.

- *La Dernière Bataille d'Alésia.* Dirigido por Jean-Pierre Picot. Francia: 2008.

- *Alésia, la bataille continue.* Dirigido por Benoît Bertrand-Cadi. Francia: 2008.

ICONOGRAFÍA

- Royer, Lionel (pintor francés, 1852-1926). 1899. *El jefe galo Vercingétorix se rinde ante Julio César.* Le Puy-en-Velay: Museo Crozatier.

- Maillart, Diogène Ulysse Napoléon (pintor francés, 1840-1926). Siglo XX. *Vercingétorix devant César* ("Vercingetorix ante César"). Alesia: MuséoParc Alésia.

MUSEO Y EDIFICIO CONMEMORATIVO

- La estatua ecuestre de Vercingetorix, en Clermont-Ferrand, Francia. Esta estatua fue erigida en recuerdo de la revuelta del líder arverno.

- El MuséoParc Alésia, en Alesia, Francia.

50MINUTOS.es